✝

M. PHILIPPE DAUSSEL

SÉNATEUR DE LA DORDOGNE,

Ancien Député à l'Assemblée Nationale,
Officier de la Légion-d'Honneur, Officier d'Académie,
Président du Conseil général de la Dordogne,
de la Société d'Agriculture, de la Société d'Horticulture,
de la Société de Secours Mutuels La Bienfaitrice,
et de la Commission des Orphelines,
Vice-Président de la Commission de l'Hospice,
de 1841 à 1879, etc.

NOTICE BIOGRAPHIQUE

SUIVIE DU DISCOURS DE M. DE FOURTOU, SÉNATEUR

PÉRIGUEUX,

IMPRIMERIE DUPONT ET Cie, RUES TAILLEFER ET AUBERGERIE.

—

1883.

✝

M. PHILIPPE DAUSSEL

SÉNATEUR DE LA DORDOGNE,

Ancien Député à l'Assemblée Nationale,
Officier de la Légion-d'Honneur, Officier d'Académie,
Président du Conseil général de la Dordogne,
de la Société d'Agriculture, de la Société d'Horticulture,
de la Société de Secours Mutuels La Bienfaitrice,
et de la Commission des Orphelines,
Vice-Président de la Commission de l'Hospice,
de 1841 à 1879, etc.

NOTICE BIOGRAPHIQUE

SUIVIE DU DISCOURS DE M. DE FOURTOU, SÉNATEUR

PÉRIGUEUX,

IMPRIMERIE DUPONT ET Cie, RUES TAILLEFER ET AUBERGERIE.

1883.

M. DAUSSEL.

La mort de M. Philippe Daussel a été, pour le département de la Dordogne, une cruelle surprise et un deuil profond. Le sentiment d'universels regrets que la funèbre nouvelle provoqua s'est traduit, à l'heure de ses obsèques, par l'empressement du pays autour de son cercueil, et, depuis ce jour douloureux, par des témoignages innombrables, dont l'expression est venue sans cesse entourer sa famille.

C'est pour répondre à ces touchantes manifestations que nous voulons résumer, en quelques pages, les traits principaux de la vie de M. Daussel, et retracer, pour ceux qui ne purent y assister, les belles funérailles que lui a faites la sympathie publique. Sa veuve et ses enfants y trouveront aussi l'occasion, qui leur tient si profondément à cœur, de remercier le Périgord tout entier du souvenir qu'il garde pieusement à l'époux et au père bien aimé qu'ils ont perdu.

Né le 22 mars 1813, M. Philippe Daussel venait d'entrer, lorsqu'il fut frappé par la mort, dans la soixante-dixième année de son âge. Il était bien véritablement un enfant du Périgord, car ses parents étaient originaires du Sarladais, et, lui-même, avait vu le jour dans notre vieille et chère cité de Périgueux.

Les traditions de sa famille l'appelaient naturellement à une vie active. Plusieurs de ses aïeux avaient porté l'épée dans les armées de l'ancienne monarchie, et reçu, en récompense de leurs services, la croix des chevaliers de Saint-Louis. Son père, M. François Daussel, qui était entré dans la magistrature, était devenu conseiller à la cour de Bordeaux, et faisait partie, à ce titre, de cette illustre compagnie qui rappelle tant de noms glorieux : les Ravez, les Peyronnet, les de Sèze, dont M. François Daussel fut le collègue et l'ami.

M. Philippe Daussel fit de rapides et excellentes études. Bachelier à seize ans, il commença immédiatement à suivre les cours de droit, avec la pensée de succéder à son père dans la carrière judiciaire. Mais, à la même époque, les événements politiques déterminèrent la retraite de M. François Daussel, qui donna sa démission de ses fonctions de conseiller, et rentra dans la vie privée, à la suite de la Révolution de 1830.

Ce fut alors vers le barreau que durent se diriger les vues et les projets de son fils. M. Philippe Daussel était, d'ailleurs, très heureusement doué pour répondre à toutes les exigences de cette direction nouvelle. Esprit délié et alerte, très ouvert à l'appréciation pratique des choses,

et à la connaissance en quelque sorte instinctive
des hommes, il était d'avance tout armé pour une
carrière où ces aptitudes sont la première conditiou
du succès. La droiture de son jugement et la
modération essentiellement conciliante de son
caractère le destinaient aussi, en quelque sorte, à
devenir un guide sûr et éclairé pour ceux qui
solliciteraient ses conseils. Il ajouta encore à ces
avantages naturels, en se préparant au barreau
auprès d'un maître supérieur. Il obtint, en effet,
par la sympathie et l'estime qu'il inspirait, d'être
attaché, comme secrétaire, à M. Ravez, et c'est
après avoir gagné, à cette grande école, une
expérience précoce de la science juridique et de
la parole judiciaire, qu'il vint s'inscrire au barreau
de Périgueux.

Les débuts de M. Daussel, soit à Bordeaux, pendant son stage, soit à Périgueux, furent justement
remarqués. L'éloquence judiciaire était alors bien
différente de ce qu'elle est aujourd'hui. Elle avait,
surtout dans notre province où les grands orateurs
du barreau de Bordeaux lui avaient donné le plus
vif éclat, une élévation de style, une hauteur de
ton, qui ressemblaient un peu trop peut-être à la
recherche et à la pompe. M. Magne, dont M. Daussel devint bientôt et resta toujours l'ami, n'avait
pas encore imprimé à l'éloquence du palais cette
simplicité magistrale dans laquelle l'élégance
s'unit à la clarté, pour communiquer à la parole
un charme irrésistible et les plus puissants effets.
Le langage oratoire de M. Daussel avait, pour
ainsi dire, un caractère de transition entre les
deux écoles. Il tenait de la première par un culte

attentif de la forme, et il se rapprochait de la seconde par la préoccupation continuelle de renfermer la discussion dans l'examen des faits et de leurs conséquences pratiques.

Les satisfactions et les encouragements que prodigue le succès ne devaient cependant pas retenir longtemps M. Daussel dans cette noble carrière du barreau. Trop absorbé, surtout après son mariage avec Mlle Vidal de Boisset, en 1841, par les sollicitudes multipliées de sa vie privée et de sa vie publique, il ne tarda pas à renoncer au palais, mais il devient tout aussitôt ce qu'il sera jusqu'au terme de sa vie : l'homme de tous, l'initiateur et l'organisateur de toutes les œuvres d'utilité publique, mêlé à tous les actes de la vie administrative, politique, sociale du département, exerçant, au milieu de ses concitoyens, une influence croissante, fondée sur la seule autorité qui naît de la confiance publique. Nous le voyons, en même temps, conseiller municipal de Périgueux, fabricien de la cathédrale de Saint-Front, administrateur de la caisse d'épargne, président, pendant trente-huit ans, de la commission de l'hospice de Périgueux, créateur d'un orphelinat, fondateur d'une Société de secours mutuels, la *Bienfaitrice*. Et M. Daussel ne s'occupe pas seulement des intérêts de sa ville natale : conseiller général, pendant trente-trois ans, du canton de Saint-Pierre-de-Chignac, il sera, pendant cette longue période, l'un des membres les plus distingués de l'assemblée départementale, qu'il doit un jour présider ; président de la Société d'horticulture ; président de la Société d'agriculture, sciences et arts de la Dordogne, il sera, sous ce titre, dans tout le département, le promoteur des plus fécondes mesures d'intérêt économique.

Il serait singulièrement intéressant, si le cadre, nécessairement étroit, de cette notice le permettait, d'étudier les actes de M. Daussel dans l'exercice de cette importante présidence. Tout récemment, au sein du Conseil général, un membre de la minorité conservatrice a pu, sans rencontrer de contradiction, rendre un hommage éclatant aux services de cette Société d'agriculture de la Dordogne, créée, en 1840, par M. le maréchal Bugeaud, et qui, sous la direction de M. Daussel a si longtemps propagé les bonnes doctrines, fondé, pour les répandre, les concours départementaux et imprimé, bien loin autour d'elle, la plus grande activité aux progrès industriels et agricoles. Si l'on pénétrait dans ses archives, si l'on consultait ses délibérations, si l'on examinait ainsi tous ses travaux intérieurs, on verrait avec quelle intelligence et quel souci de nos intérêts et de nos besoins locaux, la Société d'agriculture de la Dordogne a heureusement touché à toutes les questions que soulève l'état agricole, industriel et commercial du pays. On verrait quelle ardeur déployait M. Daussel en la présidant; quelle compétence il montrait en toutes matières; quelle direction efficace il donnait à l'œuvre de la Société, soit lorsque M. de Forcade La Roquette venait porter parmi nous les investigations de la grande enquête agricole de l'Empire, soit lorsque M. Pouyer-Quertier conviait la Dordogne à la défense de ses doctrines protectionnistes. —

M. Daussel intervenait, au milieu de toutes ces délicates conjonctures, avec un sentiment exact et profond de la situation économique du Périgord.

Mais, puisque nous ne pouvons ouvrir ici, pour en témoigner, les registres de la Société d'agriculture, rappelons du moins avec quel éclat M. Daussel présidait nos solennités agricoles, à Périgueux, à Bergerac, à Sarlat, à Nontron, à Ribérac, au Bugue, partout, en un mot, où se tenaient annuellement les assises de la Société départementale.

En relisant un de ses nombreux discours, celui qu'il prononça au concours départemental du Bugue, en 1867, on ne peut s'empêcher d'admirer les larges horizons et le libéralisme sincère de son esprit. Dans ce discours, M. Daussel étudie, sous la forme d'un parallèle saisissant, *les devoirs* et *les droits* des agriculteurs, et, en énumérant les vœux qu'il forme pour l'avenir des classes rurales, il prononce ces paroles, qu'on ne saurait trop complètement citer : « Que l'instruction » primaire, signe de la civilisation, émancipa- » tion juste et prudente de l'intelligence, droit » sacré des populations, soit largement et digne- » ment donnée. » — Voilà ce que pensait, ce que voulait, ce que demandait M. Daussel sur l'une des questions les plus graves de notre temps, sur l'une de celles que les aveugles passions des partis ont le plus obscurcie et troublée. C'est avec ces tendances généreuses, libérales, on pourrait dire démocratiques, que M. Daussel travaillait au bien public.

Et pourtant, n'est-il pas de ceux qu'on de-

vait un jour accuser de visées rétrogrades et auxquels on devait si injustement reprocher de résister à la diffusion de l'enseignement populaire !
Ce reproche, qui n'a jamais été qu'une calomnie de parti, n'était juste, on le voit bien, ni contre lui, ni contre ses amis. M. Daussel, en exprimant le vœu que nous venons de rappeler, était en effet l'interprète de tous les esprits droits et de toutes les âmes généreuses ; mais, dans la formule éloquente qui traduisait sa pensée, il indiquait aussi, avec un sens profond, que le développement de l'instruction populaire ne pouvait être bienfaisant que par la valeur morale et religieuse de l'enseignement donné.

M. Daussel avait acquis dans notre département une position trop considérable pour n'avoir pas à y jouer un rôle utile dans les évènements qui suivirent les malheurs de 1870. Ainsi, comme président de la commission de l'hospice et membre du Comité de défense, il put créer d'immenses ressources pour l'organisation des ambulances de la Société de secours aux blessés. Etranger à la politique du gouvernement qui venait de tomber, exclusivement occupé, pendant toute la durée de l'Empire, des questions d'intérêt départemental, il se trouvait plus en état que personne de rendre par ses conseils de réels services au milieu des difficultés locales qui naissaient chaque jour de nos revers et de la direction confuse et agitée des affaires publiques. Aussi était-il écouté avec déférence par tous les partis, donnant à chaque occasion l'exemple d'un patriotisme dégagé d'arrière pensée politique. Sa foi royaliste était connue et

respectée. Il l'avait affirmée toute sa vie avec
fermeté et mise en pratique avec modération et
avec sagesse. Mais on le voyait, à l'heure des
épreuves nationales, ne songer qu'à la France, à
son honneur, à son salut. C'est le sentiment uni-
que qui l'inspirait, lorsqu'il provoqua la protestation du Conseil général de la Dordogne contre la
fatale mesure de la dissolution des Conseils généraux de France et leur remplacement par des
commissions directement nommées par le pouvoir.
Nous nous souvenons encore maintenant de la
discussion qui s'éleva dans la réunion des conseil-
lers généraux groupés à Périgueux autour de lui.
Tous ressentaient une juste indignation de l'acte
de violence dont le gouvernement de la Défense
nationale s'était rendu coupable, et l'expression
de leur réprobation était bien près de revêtir des
formes peut-être trop vives. M. Daussel fit prévaloir, dans la protestation, une rédaction énergique,
mais mesurée, d'une dignité parfaite. Il montrait
l'atteinte portée à la souveraineté nationale par la
dissolution des seules assemblées électives qui
représentaient alors le pays ; les services qu'on
aurait dû cependant attendre du patriotisme de
ces assemblées, au milieu des jours d'angoisse
que traversait la patrie ; la faute qu'on commettait
en brisant et en dispersant, dans l'égarement de la
passion politique, ces dernières forces légales de
la France. C'est dans ces circonstances peut-être
qu'éclatèrent le plus les qualités essentielles du
caractère de M. Daussel : la fermeté, la modération et la mesure.

Le passé de M. Daussel le désignait pour recevoir de notre département la charge redoutable de le représenter à l'Assemblée nationale. Au sein des comités qui se formèrent pour préparer les élections du 8 février 1871, son nom fut tout de suite acclamé ; et, dans cette grande manifestation électorale qui fut si remarquable par la sagesse instinctive de sa direction spontanée, il fut au nombre de ceux qui réunirent le plus de suffrages.

Ici commence la dernière et plus importante phase de la vie de M. Daussel. Il fut classé tout d'abord, au milieu de ses collègues, parmi les esprits les plus clairvoyants et les plus sages. Fidèle à des opinions légitimistes qui ne changèrent jamais, bien qu'il n'eût pas d'illusions sur la réalisation prochaine de ses espérances politiques, il fit partie dès le premier jour de la droite royaliste, qui se réunissait à Versailles, en premier lieu à l'hôtel des Réservoirs, et plus tard rue Colbert. Mais il jouissait de la sympathie et de l'estime de tous les partis. L'aménité de son caractère lui créa de hautes relations et d'illustres amitiés. La justesse de ses vues se manifestait dans chacun de ses votes et était reconnue de tout le monde. Il était écouté dans les bureaux et dans les commissions, et, s'il lui convint de se tenir à l'écart des grands débats publics, il prit toujours, aux travaux du Parlement et à la direction du groupe politique auquel il appartenait, une part active et sérieuse. M. Daussel participa surtout avec une réelle autorité à l'une des œuvres les plus considérables et les plus laborieuses de l'Assemblée nationale, à l'œuvre de la commission *des marchés*. Cette commission, présidée par M. le duc d'Au-

diffret-Pasquier, était chargée de porter la lumière
et de rétablir l'ordre dans les actes de l'administration de la guerre pendant les derniers jours de
l'Empire et sous le gouvernement de la Défense
nationale. M. Daussel présida la sous-commission,
qui reçut, par un vote spécial de l'Assemblée
nationale, la mission de procéder à une enquête
parlemementaire sur les arsenaux, l'armement, le
matériel, l'équipement et les magasins généraux
de l'administration de la guerre. Dirigeant avec
une puissante méthode l'inspection de tous nos
arsenaux, M. Daussel fit déterminer dans notre
matériel de guerre la part qui devait être conser-
vée, celle qui pouvait être réparée et reconstituée,
celle qui devait être considérée comme hors d'usage
et aliénée. Les données et les règles de cette clas-
sification, qui aboutirent parfois à d'heureuses
modifications dans nos règlements sur la compta-
bilité publique, furent exposées par M. Daussel
soit dans des rapports, soit dans une correspon-
dance échangée avec le ministre de la guerre et
sanctionnées ensuite par des décisions ministé-
rielles, et, notamment, par un décret de M. Thiers
en date du 14 novembre 1872, sur la vente des
armes réformées ou hors modèle. M. Daussel
recueillit fréquemment, au cours de ses travaux,
l'expression de la reconnaissance du gouvernement pour les services qu'il rendait à l'administration militaire. L'honorable général de
Cissey, l'un des meilleurs ministres de la guerre
que la France ait eus, lui adressa, le 20
septembre 1872, une lettre officielle de remer-
ciements.

Depuis sa nomination à l'Assemblée nationale, M. Daussel a fait partie sans interruption de la représentation politique du département de la Dordogne. Elu sénateur en 1876, il garda dans la Chambre haute sa constante attitude de conservateur libéral, dont il ne s'est jamais écarté au milieu des jours souvent tourmentés que le Sénat de notre temps a dû traverser. Une chose d'ailleurs bien digne d'être remarquée, c'est l'unanimité qu'a toujours retrouvée sur les hautes questions sociales la députation nommée par la Dordogne le 8 février 1871. Les hommes qui la composaient, d'origines diverses et de caractères différents, ont pu, en bien des cas, se séparer, dans leur conduite politique, les uns des autres. Animés au même degré des plus pures et des plus patriotiques intentions, ils ont pu souvent envisager, avec les divergences de vues qui nai ent fatalement de la diversité naturelle des esprits ou de la différence accidentelle des traditions, les solutions que comportaient les problèmes politiques soumis à leur jugement. Mais, sur les principes essentiels, sur les questions fondamentales, pour la liberté de conscience, par exemple, lorsqu'elle était violée par les décrets du 29 mars, ou pour la garantie sociale de l'inamovibilité judiciaire, lorsqu'une loi récente la brisait, ils se sont trouvés d'accord comme pour exprimer ensemble les vrais sentiments de notre honnête et libérale Dordogne. On l'a bien vu, au moment même où M. Daussel expirait, tous les survivants de cette députation de 1871 s'unissaient au Sénat pour protester contre cette loi sur la magistrature qui a soulevé la réprobation du pays et suscité l'indignation de tous les nobles esprits. L'un d'entre eux, l'honorable marquis de Maleville, s'honora particulièrement, dans ces mémorables débats, par des paroles dont l'éloquence et l'émotion resteront dans les souvenirs du Sénat.

M. Daussel était depuis quelque années président du conseil général, et il partageait sa vie publique entre son mandat sénatorial et cette haute magistrature départementale. On ne peut mieux parler de la manière dont il remplissait, à la tête de notre Conseil général, ces fonctions de la présidence, à la fois si élevées, si délicates, si difficiles, qu'en rappelant l'hommage que lui a rendu son successeur, M. Roger. Porté à ce poste éminent par le mouvement politique qui a changé la majorité du Conseil général, M. Roger a noblement oublié les dissentiments qui le séparaient de son prédécesseur, et honoré ainsi, à la première heure de son exercice, la magistrature dont il venait d'être investi, en se faisant l'interprète de la justice du département pour la mémoire de M. Daussel.

M. Daussel était d'autant plus digne des récompenses morales de cet ordre qu'il n'en rechercha jamais d'une autre nature. On ne le vit solliciter aucun emploi public, et les distinctions honorifiques qu'il reçut, toujours réclamées par l'opinion, furent toujours aussi une surprise pour lui. Il était chevalier de la Légion-d'Honneur depuis 1864, officier d'académie depuis la même époque, et, lorsqu'en 1877, le maréchal de Mac-Mahon lui remit la croix d'officier de la Légion-d'Honneur, cet acte de justice, accompli dans la ville même qui avait été témoin de toute sa vie laborieuse et dévouée, rencontra l'adhésion générale et n'étonna que lui seul.

M. Daussel, dont le zèle ne se ralentissait pas, mais que la fatigue atteignait, avait depuis quelques mois le pressentiment de sa mort. Il en parlait avec une extraordinaire fermeté, non à sa chère famille qu'il n'aurait pas voulu affliger, mais à celui-là même qui écrit, en souvenir d'une profonde amitié, ces pages trop incomplètes et trop insuffisantes. Sa foi chrétienne l'éclairait et le soutenait. Aussi était-il préparé merveilleusement à l'épreuve de la séparation. Il en vit venir le moment, ce moment qui est la grande heure de Dieu sur la terre, et que les cœurs les mieux trempés n'envisagent pas sans terreur. Aucun trouble n'obscurcit à cet instant suprême la clarté de son intelligence, aucune défaillance n'ébranla la force de son âme. Il réunit autour du lit de douleur où il allait mourir, sa femme, sa fille, son gendre, ses petits enfants, sous le regard du prêtre qui venait bénir ce funèbre adieu; et leur rappelant, dans un langage inspiré, les divines espérances, il leur dit au revoir dans son dernier embrassement.

Ainsi a vécu, ainsi est mort M. Daussel. Il laisse dans notre département un vide que le temps ne comblera pas encore : partout on retrouve la place qu'il occupait, et rien ne fait naître l'angoisse du cœur et l'incertitude de l'esprit comme la disparition d'une personnalité attachante autour de laquelle on avait coutume de se grouper.

Ce sentiment, empreint de tant d'amertume,

remplissait la calme et grandiose cérémonie de ses funérailles. Le cortège en était imposant, et il semble que la nature elle-même eût voulu prêter à ce triste tableau une exceptionnelle majesté.

La jolie demeure de Puy-Robert, tant aimée de M. Daussel, et où il devait mourir, domine, de son éminence gracieuse, la belle vallée de Montignac. La plaine s'est élargie en face du château ; et, à l'extrémité opposée, la Vézère coule lentement au pied des collines qui forment comme le cercle lointain de l'amphithéâtre dont Puy-Robert est le centre. La route qui traverse la vallée était sillonnée, dans la matinée du dimanche 29 juillet, par la population qui se rendait de toutes parts aux obsèques.

Le cortège se mit en mouvement vers deux heures, sous un soleil étincelant. Le deuil était conduit par M. Elie de Montardy, gendre du défunt. Les cordons du premier poêle étaient tenus par M. Oscar de Fourtou, qui représentait le Sénat ; par M. Bargeton, préfet de la Dordogne ; par M. Sorbier, ancien maire de Montignac, et par M. l'intendant général Requier. M. le comte de Damas, M. le marquis de Fayolle, vice-président de la Société d'agriculture ; M. Courtey, vice-président de la Société de secours mutuels *la Bienfaitrice*, et M. le vicomte de Lestrade, vice-président de la Société d'horticulture, tenaient les cordons du second. Le clergé avait tenu à être représenté en grand nombre. M. l'abbé Mas, curé de Montignac, officiait ; et, autour de lui, vingt-deux prêtres étaient rangés, ayant à leur tête le

vénérable abbé Ressès, grand-vicaire du diocèse
de Périgueux et de Sarlat.

A la suite du clergé, dans le plus profond re-
cueillement, une foule immense se déroulait depuis la terrasse du château jusqu'au cimetière et
à la petite chapelle de Brenac, sur plus d'un kilo-
metre d'étendue. C'est là que devait avoir lieu
l'inhumation, pour consacrer, une fois de plus, les
liens religieux qui unissent ce petit coin de terre
au nom et à la famille de M. Daussel. Ce hameau
de Brenac, en effet, qui constituait très ancienne-
ment une des paroisses de Montignac, avait beau-
coup souffert autrefois des tourmentes religieuses
et politiques qui ont sévi sur notre pays. Son église
avait été en partie détruite pendant les guerres
de religion, et finalement démolie en 1793. Enfin,
le cimetière qui l'entourait avait dû être supprimé
en 1840, lorsque M. Daussel, ému par la douleur
des habitants de Brénac en présence de ce dernier
coup porté à leurs traditions et à leurs souvenirs,
acheta le terrain du vieux cimetière, le fit consacrer comme lieu de sépulture pour le petit hameau
de Brenac, et y construisit à ses frais la chapelle
que l'on y voit aujourd'hui. C'est sous les dalles
de cette chapelle, monument de sa générosité et
de son attachement au berceau de sa famille, que
reposent maintenant tous les siens, et qu'il a été
lui-même enseveli à côté de la jeune fille char-
mante dont la mort prématurée fut naguère au
milieu de nous le sujet de tant de regrets.

La foule qui accompagnait les funérailles n'a
pu contenir dans cet étroit espace, mais elle s'est
pressée silencieusement tout autour, et elle a pu

entendre les adieux exprimés en son nom sur la tombe de M. Daussel par le respectable curé de Montignac, et par M. de Fourtou, sénateur.

Nous sommes autorisés à reproduire ici le discours de M. de Fourtou, qui a parlé en ces termes :

« Messieurs,

» En venant exprimer, sur la tombe de M. Daussel, la douleur de ses amis et les regrets de son pays, je ne saurais avoir la pensée de retracer maintenant sa vie devant vous. Il aurait fallu, pour le faire dignement, une préparation que le temps m'a refusée.

» M. Daussel, en effet, Messieurs, fut si profondément mêlé aux hommes et aux choses de ce département ; il exerça au milieu de ses concitoyens, et à des titres si divers, une telle influence, il eut enfin, pendant près d'un demi-siècle, une si grande place dans l'histoire même du Périgord, que pour être complet, que pour répondre à votre juste attente, le récit de cette utile et noble existence exigerait, par les larges proportions qu'il comporte, une étude approfondie et de longs développements.

» Tout entiers aujourd'hui à notre deuil, nous n'aurions, Messieurs, ni les uns ni les autres, la liberté d'esprit nécessaire pour entreprendre en ce moment cette étude. Nous n'aurions pas ici le courage, sous l'émotion du coup soudain qui nous frappe, de remonter le cours des années, de rechercher, dans un passé déjà lointain, les premiers pas de M. Daussel, pour le suivre ensuite fidèlement jusqu'au terme de sa carrière. Le tableau de sa vie nous demanderait un cadre trop étendu : car, Messieurs, dans le vaste espace qu'elle remplit, M. Daussel ne connut pas le repos. Il resta, jusqu'à son dernier soupir, le serviteur infatigable de son pays, et il meurt comme il était digne de mourir, à son poste, sénateur, conseiller général, toujours investi de la confiance de ses compatriotes, en possession de la haute magistrature qu'il occupait, entouré d'unanimes respects, à la tête de notre assemblée départementale.

» Mais si mon discours ne peut être à cette heure qu'un simple adieu funèbre, permettez-moi cependant de rappeler en quelques paroles les traits principaux qui caractérisent la vie de M. Daussel et recommandent sa mémoire à notre reconnaissance et à notre piété.

» M. Daussel, Messieurs, s'était complètement consacré au bien public. On le vit toujours travailler, avec un désintéressement absolu, à tout ce qui pouvait servir, par un côté quelconque, les intérêts généraux de son pays, et en particulier ceux de notre département. Tantôt, comme à Périgueux, il communiquait à une administration hospitalière l'activité ingénieuse de son esprit de charité, tantôt il dirigeait une importante société dans la voie des perfectionnements agricoles qui lui paraissaient propres à améliorer le sort des populations rurales. Il était au premier rang de ceux qui se consacraient à l'étude de toutes les questions relatives aux intérêts matériels ou moraux de la Dordogne; rien ne lui était indifférent ou étranger de ce qui pouvait se rattacher au développement de nos industries, aux progrès de notre agriculture, à l'histoire de nos traditions locales.

» Les œuvres de la bienfaisance publique sollicitaient surtout sa nature généreuse et dévouée, et son inspiration se retrouve, au milieu de nous, à l'origine de toutes nos institutions charitables. Il n'y a peut-être pas eu au chef-lieu de notre département, une seule commission chargée d'un service public qui ne l'ait eu dans son sein, comme secrétaire ou comme président, et qui n'ait dû la plupart du temps ses succès à la clairvoyance de son esprit, à l'autorité de son zèle, à l'efficacité de sa direction.

» Il avait le don de se rendre un compte exact des choses et de pénétrer jusqu'au fond des réalités, de mesurer les difficultés, de discerner les solutions pratiques et de les faire prévaloir. Il était soutenu dans son action par une aptitude singulière au maniement des hommes, et, ce qu'on ne saurait trop louer, cette rare et précieuse aptitude était bien moins en lui le résultat de l'habileté ou du calcul que l'effet d'une disposition innée du caractère : sa nature bienveillante, toujours prête à obliger gracieusement, le rapprochait de tout le monde et attirait tout le monde à lui.

» Tel fut, Messieurs, le secret de l'indiscutable autorité que M. Daussel ne cessa de posséder dans la Dordogne. On avait foi dans la droiture de son jugement, on écoutait avec confiance sa parole conciliante, il éclairait et il charmait.

» Aussi, M. Daussel a-t-il rempli dans tous les temps, sous des régimes bien divers, les rôles les plus considérables ; et c'est assurément, Messieurs, le signe d'une supériorité véritable, que cette possession prolongée de la confiance publique à travers des évènements nombreux et profonds qui ébranlent d'ordinaire les plus solides situations. L'éclat du talent peut conquérir en un jour la faveur populaire ; mais, pour garder son autorité morale toute une longue vie, il faut un ensemble de qualités qui, seul, constitue l'homme d'élite.

» M. Daussel avait d'ailleurs mérité, plus que personne, de conserver ainsi intacte jusqu'au dernier jour une influence qu'il ne recherchait que pour le bien général et à laquelle il ne faisait jamais aucun sacrifice d'opinion ou de dignité. Fidèle à sa foi monarchique, il la défendit toujours fermement sous tous les régimes, à travers toutes les épreuves, commandant à tous le respect de ses nobles attachements, et sachant obtenir, précisément par sa loyauté, les suffrages de ses adversaires eux-mêmes, heureux de reconnaître de sincères convictions, s'alliant, dans un honnête homme, au libéralisme de l'esprit et à la modération du caractère. On admirait également chez M. Daussel ces croyances religieuses, inébranlables et puissantes, qui ont éclairé toute sa vie, rayonné sur sa dernière heure et, pour notre édification à tous, élevé son courage, en face de la volonté de Dieu, à la hauteur des espérances immortelles qui sont ici-bas le soutien et là-haut la récompense de l'humanité chrétienne.

» Depuis 1871, Messieurs, il m'a été donné de vivre dans d'étroites et quotidiennes relations avec M. Daussel. Je me suis trouvé sur les mêmes bancs que lui à l'Assemblée nationale ; j'étais encore à son côté dans ce Sénat qu'il vient de quitter et où tant d'amitiés l'environnaient.

» Je l'ai vu, au lendemain de nos malheurs, en proie aux plus cruelles tristesses, aux plus amères angoisses du patriotisme. Nul n'avait ressenti plus que lui les douleurs de la France ; nul n'a travaillé à réparer les désastres de la patrie avec un dévouement plus sincère, avec un esprit d'abnégation personnelle plus complet, en formant des vœux plus ardents pour que notre pays retrouvât dans la concorde, dans la paix, dans la prospérité, que la concorde et la paix engendrent seules et engendrent toujours, sa force et sa grandeur traditionnelles.

» Mais, des hautes sphères où l'avait porté son mandat législatif, la pensée de M. Daussel se reportait sans cesse sur son cher et bien-aimé Périgord, sur cette jolie ville de Montignac, sur ces rives attachantes de la Vézère, toutes pleines des traditions de sa famille, de son nom et de ses amitiés, sur ce château et cette terre de Puy-Robert, objet de ses plus chères affections. Le Périgord, Messieurs, permettez-moi de vous le dire, a le privilège d'inspirer à ses enfants une sorte d'amour passionné. Quand on s'éloigne de lui pour servir la France dans des régions supérieures, on ne le quitte pas pour cela, on lui demeure attaché par des liens que rien ne brise et même ne relâche. M. Daussel l'aimait, l'aimait comme nous tous, avec une ardeur incessamment ravivée par l'absence ; et, Messieurs, s'il est vrai qu'on aime d'autant plus qu'on se donne davantage, vous sentez quelle violence devait avoir dans son cœur le sentiment périgourdin. Depuis le commencement de sa vie publique, n'avait-il pas dépensé pour le Périgord toutes ses forces ? Pour vos églises, vos écoles, vos hôpitaux, vos routes, vos chemins de fer, n'avait-il pas déployé toutes les ressources de son intelligence, n'avait-il pas prodigué toutes ses énergies ? N'avait-il pas écrit son nom, pour ainsi dire, à toutes les pages de notre histoire départementale ? N'avait-il pas marqué toutes nos œuvres périgourdines de l'empreinte de son dévouement ?

» Tous vos cœurs me répondent, Messieurs, quand j'évoque ces souvenirs, de même que le département tout entier s'associait, il y a quelques années, au sentiment de gratitude publique qui éleva M. Daussel à la présidence du Conseil général. Ce devait être le couronnement de sa vie, et, à ce poste éminent, M. Daussel devait trouver l'occasion de se rehausser encore dans l'estime de ses concitoyens. Cette grande charge était entourée de redoutables souvenirs. M. Magne y avait fait éclater son exceptionnelle supériorité ; M. Mazerat venait d'y faire briller une exquise finesse d'esprit. M. Daussel, Messieurs, devint, à son tour, un président remarquable par la netteté de ses vues, par la fermeté de ses opinions, par la courtoisie de son langage, par l'impartialité de sa direction. Tous s'inclinaient devant son autorité respectée, et je

suis assuré qu'autour de son tombeau, il ne sortira
des lèvres de ses anciens collègues que des paroles de
justice et de regrets.

» Messieurs, la mort est venue surprendre
M. Daussel avec une foudroyante rapidité. La nouvelle
de sa fin prématurée, en éclatant tout à coup au
milieu des plus graves délibérations du Sénat, a
frappé de consternation les nombreux amis qu'il y
compte. Je suis chargé d'être ici leur interprète. Ils
veulent s'associer au deuil de sa famille, au vôtre,
Messieurs, car ils connaissent les sympathies pro-
fondes que vous lui aviez constamment gardées. Je
leur dirai votre émotion, votre tristesse, les larmes
que vous versez. Je leur dirai que personne ici
n'oublie les bienfaits de M. Daussel, et que la reconnaissance de tous a fait cortége à son cercueil. Je
leur dirai les consolations que votre fidélité réserve à
la digne veuve qui lui survit, aux enfants si tendre-
ment aimés qu'il bénissait en mourant. Je leur dirai
que tous ici, qui que vous soyez, à quelque parti
politique que vous apparteniez, que tous vous hono-
rerez et aimerez toujours, dans la mémoire de
M. Daussel, la solidité des convictions, le dévouement
au pays, la distinction de l'esprit, le désintéressement
du caractère, la droiture et la générosité du cœur.

» Je serai fier, Messieurs, de montrer ainsi à mes
collègues que dans cette vieille terre, que dans ce
sol religieux et chrétien du Périgord, on sait encore
tenir en honneur de pareilles vertus. Je serai fier de
rendre ainsi devant eux un double hommage : à l'ami
que j'ai perdu, au pays si cher dont je partage et dont
j'exprime en ce moment la douleur. »

Ce discours, qui traduisait si fidèlement les sentiments de l'auditoire tout entier, a été écouté
d'un bout à l'autre avec une profonde émotion.

Puis on s'est séparé, et chacun a emporté de cette cérémonie une pensée consolante : le bien accompli en ce monde, par les hommes désintéressés et sincères, laisse toujours après lui, souvent malgré des ingratitudes momentanées et de passagers oublis, des traces ineffaçables dans la mémoire des générations. On se survit par le souvenir des bienfaits qu'on a répandus ; et, quand la vie a été généreuse et noble, la mort a une dignité et une grandeur qui sont l'honneur suprême de l'humanité. La religion alors la bénit et la glorifie, en entr'ouvrant devant elle les horizons infinis de l'immortel avenir qui attend nos âmes par delà le tombeau.

Octobre 1883.

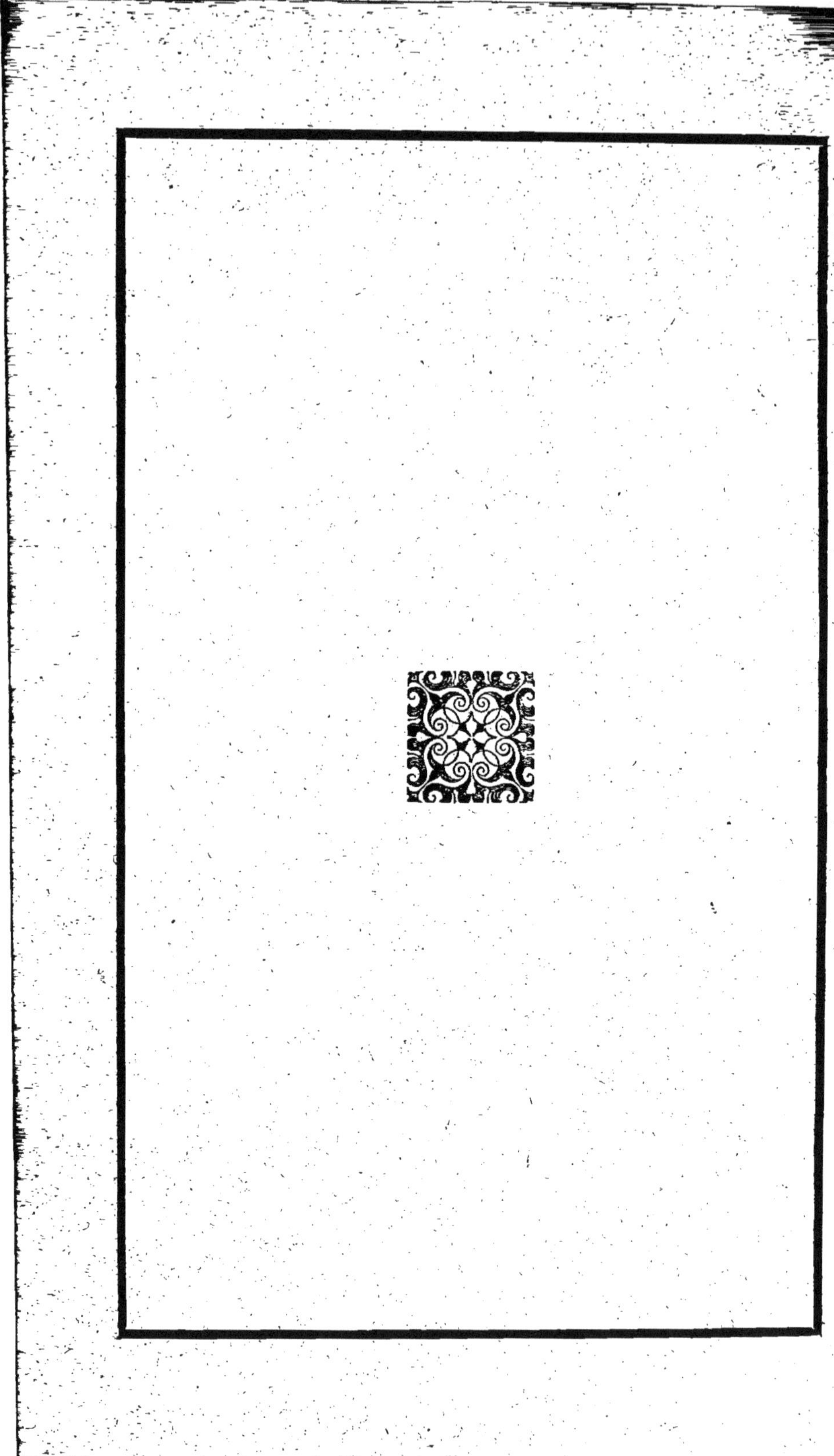